Direction artistique : Delphine Renon

Conforme à la loi n°49.956 du 16 juillet 1949
sur les publications destinées à la jeunesse.
Dépôt légal : novembre 2002
ISBN : 2-84801-020-7
Imprimé par Pollina s. a., 85400 Luçon - n° L87291

c'est pas pareil

Tourbillon

AU-DESSUS • EN-DESSOUS

BLANC • NOIR

GRAND • PETIT

ATTENTIF • INATTENTIF

HOMME • FEMME

ENFANT • ADULTE

ANIMAL • HUMAIN

• • •

c'est pas pareil

et toi, que trouves-tu ?

PAREIL •

    DIFFÉRENT

VIVANT •

    PAS VIVANT

FROID • CHAUD

• • •

c'est pas
pareil

Montre dans quelle photo
tu vois ces mots-contraires.

et toi, que trouves-tu ?

LOURD   LÉGER

EN HAUT   EN BAS

ENFANT   ADULTE

À DROITE   À GAUCHE

FÉMININ   MASCULIN

· ·

c'est pas
pareil

et toi, que trouves-tu ?

DE DOS • DE FACE

HOMME • FEMME

DEDANS • DEHORS

VRAI • FAUX   ... *c'est pas pareil*

HABILLÉ • NU

et toi, que trouves-tu ?

ORDRE • DÉSORDRE

GRIMACE • SOURIRE

AU-DESSUS •
       EN-DESSOUS

AGITÉ • IMMOBILE

• • •

c'est pas
pareil

et toi, que trouves-tu ?

ÉTÉ • HIVER

HABILLÉ • NU

NEIGE • SOLEIL

NOIR • BLANC

• • •

c'est pas
pareil

et toi, que trouves-tu ?

CRU ● CUIT

SE RÉGALER ● PRÉPARER

AVANT ● APRÈS

ENFANT ● ADULTE   ... c'est pas pareil

et toi, que trouves-tu ?

UN • PLUSIEURS

PRÈS • LOIN

HABITÉ • INHABITÉ   •••   c'est pas pareil

et toi, que trouves-tu ?

FILLE • GARÇON

VERTICAL • HORIZONTAL

ATTENTIF • RÊVEUR

CHEVEUX LONGS •
CHEVEUX COURTS

ÉCOLE • VACANCES

• • •

c'est pas
pareil

et toi, que trouves-tu ?

AVANT • APRÈS
PRÉSENT • ABSENT   ... c'est pas pareil

et toi, que trouves-tu ?

GRAND • PETIT

TÊTE • FESSES

DEVANT • DERRIÈRE

• • •

c'est pas
pareil

et toi, que trouves-tu ?

PRÈS • LOIN

ÉNORME • MINUSCULE

MOUILLÉ • SEC

ANIMAL • HUMAIN

DEBOUT • ACCROUPI

• • •

c'est pas pareil

et toi, que trouves-tu ?

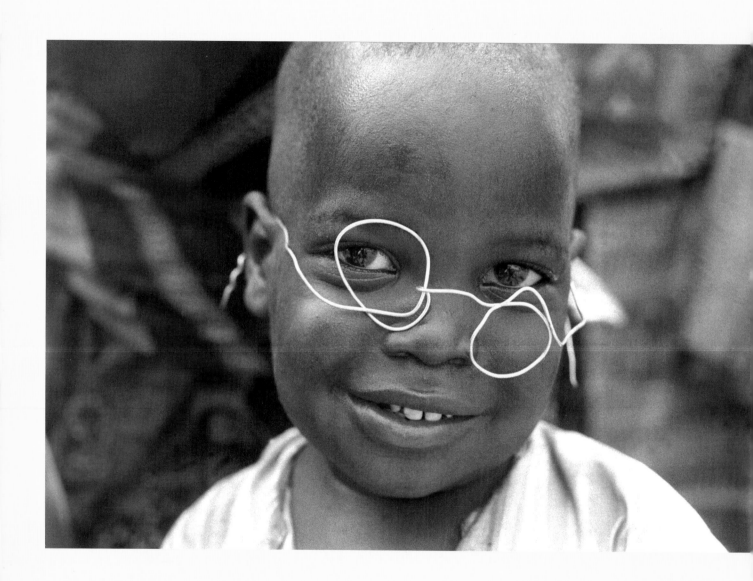

LISSE • RIDÉ

FÉMININ •
MASCULIN

VIEUX • JEUNE

• • •

c'est pas
pareil

et toi, que trouves-tu ?

MOUILLÉ ● SEC

JOUER ● TRAVAILLER

VILLE ● DÉSERT

● ● ●

c'est pas pareil

et toi, que trouves-tu ?

SOMBRE • CLAIR

AU-DESSUS • EN-DESSOUS

PLUSIEURS • UN   • • • c'est pas pareil

et toi, que trouves-tu ?

EN HAUT • EN BAS

SILENCE • BRUIT

TERRE • AIR

MARCHER • VOLER

• • •

c'est pas pareil

et toi, que trouves-tu ?

LIBRE • ENFERMÉ

VILLE • CAMPAGNE

JOUER • S'ENNUYER

DE DOS • DE FACE   ... c'est pas pareil

et toi, que trouves-tu ?

VRAI · FAUX

VILLE · CAMPAGNE

VERTICAL · HORIZONTAL

DE PROFIL · DE FACE   · · ·   *c'est pas pareil*

et toi, que trouves-tu ?